iskola - kool	2
utazás - reisimine	5
közlekedés - transport	8
város - linn	10
táj - maastik	14
étterem - restoran	17
szupermarket - supermarket	20
italok - joogid	22
étel - toit	23
gazdálkodás - talu	27
ház - maja	31
nappali - elutuba	33
konyha - köök	35
fürdőszoba - vannituba	38
gyerekszoba - lastetuba	42
ruházat - riietus	44
iroda - kontor	49
gazdaság - majandus	51
foglalkozások - ametid	53
szerszámok - tööriistad	56
hangszerek - pillid	57
állatkert - loomaaed	59
sportok - sport	62
tevékenységek - tegevused	63
család - perekond	67
test - keha	68
kórház - haigla	72
vészhelyzet - hädaolukord	76
föld - Maa	77
óra - kell	79
hét - nädal	80
év - aasta	81
alakzatok - kujundid	83
színek - värvid	84
ellentétek - vastandid	85
számok - numbrid	88
nyelvek - keeled	90
ki / mi / hogyan - kes / mis / kuidas	91
hol - kus	92

Impressum
Verlag: BABADADA GmbH, Nedderfeld 112 , 22529 Hamburg
Geschäftsführer / Verlagsleitung: Harald Hof
Druck: Books on Demand GmbH, In de Tarpen 42, 22848 Norderstedt

Imprint
Publisher: BABADADA GmbH, Nedderfeld 112 , 22529 Hamburg, Germany
Managing Director / Publishing direction: Harald Hof
Print: Books on Demand GmbH, In de Tarpen 42, 22848 Norderstedt, Germany

iskola

kool

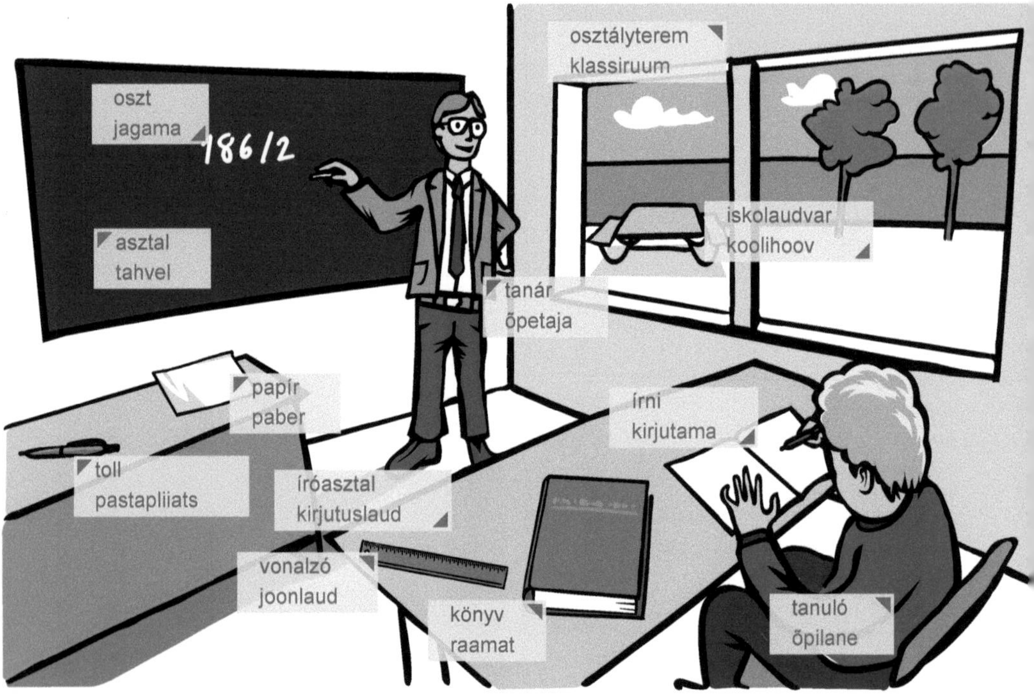

osztálytérem
klassiruum
oszt
jagama
186/2
asztal
tahvel
iskolaudvar
koolihoov
tanár
õpetaja
papír
paber
írni
kirjutama
toll
pastapliiats
íróasztal
kirjutuslaud
vonalzó
joonlaud
könyv
raamat
tanuló
õpilane

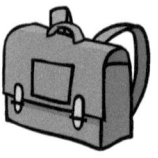

iskolatáska

koolikott

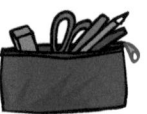

tolltartó

pinal

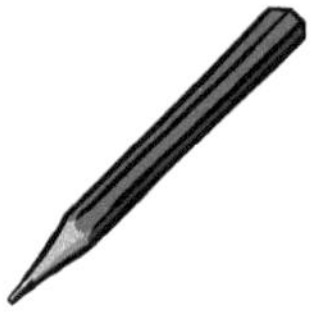

ceruza

harilik pliiats

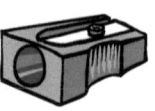

ceruzahegyező

pliiatsiteritaja

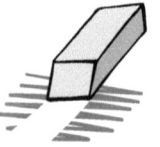

radír

kustukumm

rajzfüzet

joonistusplokk

rajz

joonistus

ecset

pintsel

festőkészlet

värvikarp

olló

käärid

ragasztó

liim

munkafüzet

töövihik

házi feladat

kodutöö

12

szám

number

2+2

összead

liitma

5-2

kivon

lahutama

2×2

szoroz

korrutama

számol

arvutama

A

betű

täht

ABCDEFG
HIJKLMN
OPQRSTU
VWXYZ

ABC

tähestik

szó

sõna

szöveg
tekst

olvasni
lugema

kréta
kriit

tanóra
koolitund

napló
klassipäevik

vizsga
eksam

bizonyítvány
tunnistus

iskolai egyenruha
koolivorm

oktatás
haridus

enciklopédia
entsüklopeedia

egyetem
ülikool

mikroszkóp
mikroskoop

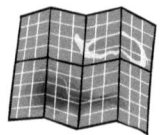

térkép
kaart

papír-hulladék gyűjtő
paberikorv

utazás
reisimine

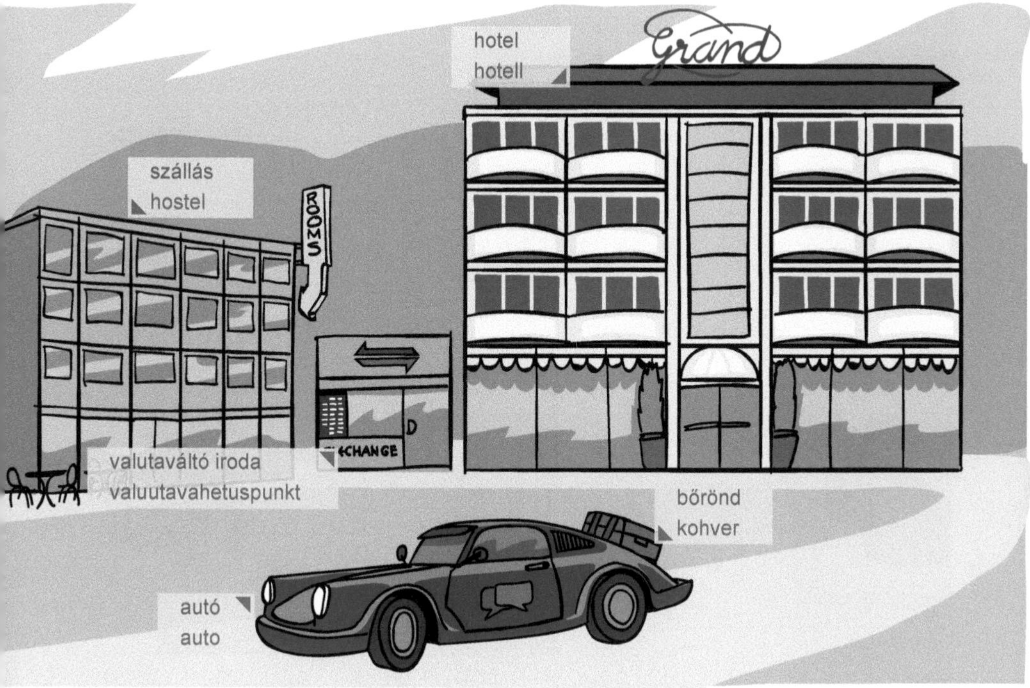

hotel
hotell
Grand
szállás
hostel
ROOMS
EXCHANGE
valutaváltó iroda
valuutavahetuspunkt
bőrönd
kohver
autó
auto

nyelv

keel

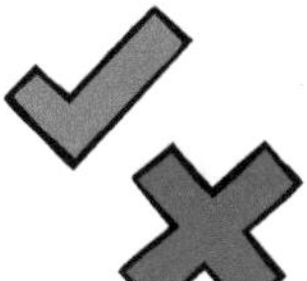

igen/nem

jah / ei

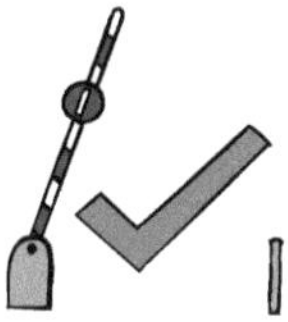

rendben

okei

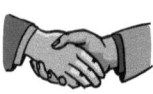

szia

Tere!

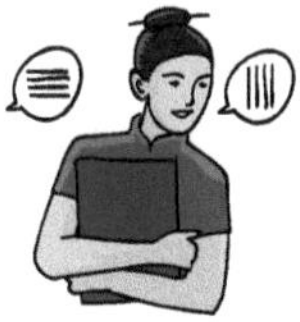

fordító

tõlk

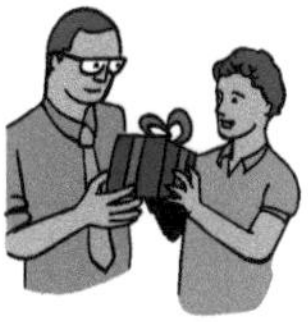

köszönöm

Aitäh!

mennyibe kerül...?

Kui palju maksab ...?

nem értem

Ma ei saa aru

probléma

probleem

Jó estét!

Tere õhtust!

jó reggelt!

Tere hommikust!

jó éjszakát!

Head ööd!

viszontlátásra

Head aega!

útirány

suund

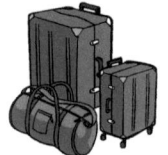

poggyász

pagas

táska

kott

hátizsák

seljakott

vendég

külaline

szoba

tuba

hálózsák

magamiskott

sátor

telk

turista információ

turismiinfo

strand

rand

hitelkártya

krediitkaart

reggeli

hommikusöök

ebéd

lõunasöök

vacsora

õhtusöök

jegy

pilet

lift

lift

bélyeg

postmark

határ

riigipiir

vám

toll

nagykövetség

saatkond

vízum

viisa

útlevél

pass

közlekedés
transport

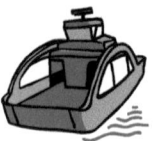

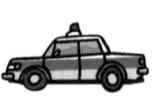

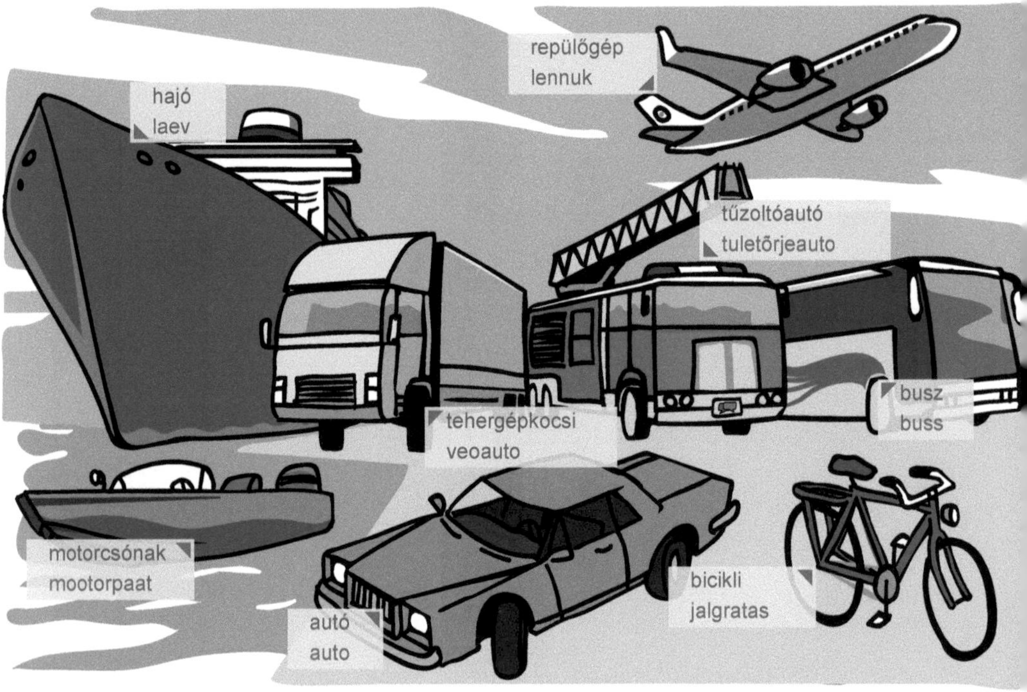

repülőgép
lennuk
hajó
laev
tűzoltóautó
tuletõrjeauto
busz
buss
tehergépkocsi
veoauto
motorcsónak
mootorpaat
bicikli
jalgratas
autó
auto

komp

praam

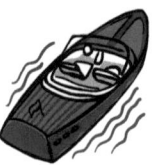

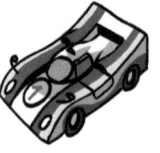

csónak

paat

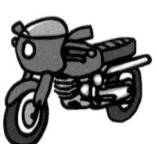

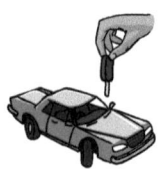

motorkerékpár

mootorratas

rendőrautó

politseiauto

versenyautó

võidusõiduauto

bérautó

rendiauto

telekocsi

ühisauto

vontató

puksiirauto

szemetes autó

prügiauto

motor

mootor

üzemanyag

kütus

benzinkút

tankla

közlekedési tábla

liiklusmärk

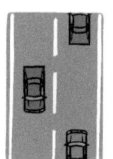

forgalom

liiklus

forgalmi dugó

liiklusummik

parkoló

parkla

vonatállomás

raudteejaam

sínek

rööpad

vonat

rong

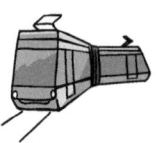

villamos

tramm

vagon

vagun

helikopter
helikopter

repülőtér
lennujaam

torony
torn

utas
reisija

konténer
konteiner

kartondoboz
pappkast

taliga
käru

kosár
korv

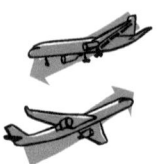

felszáll / leszáll
õhku tõusma / maanduma

város

linn

falu
küla

városközpont
kesklinn

ház
maja

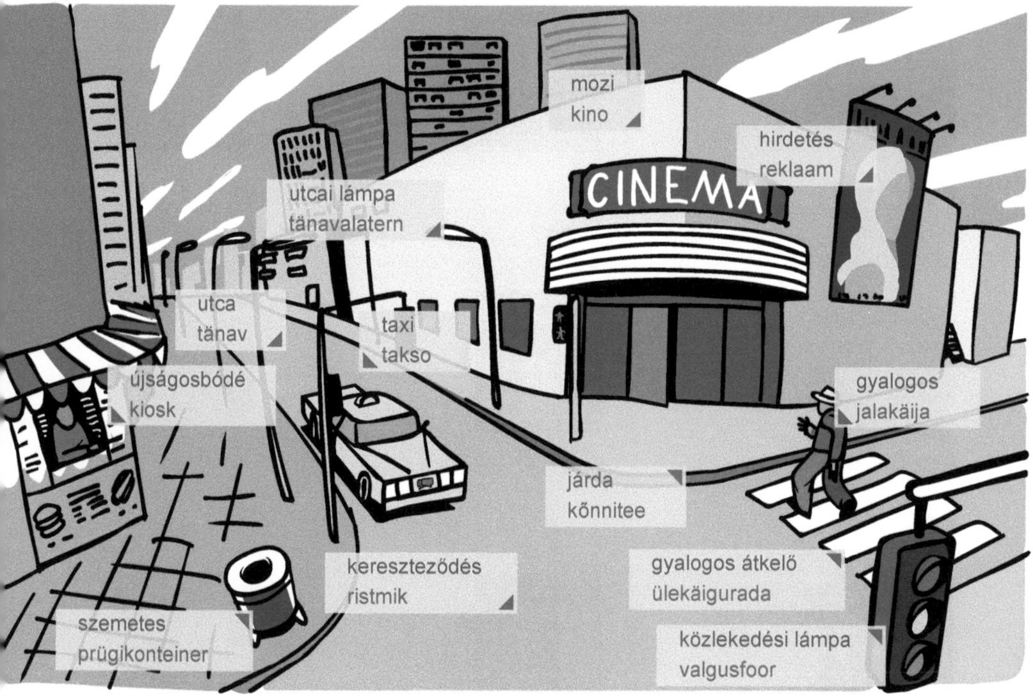

mozi
kino

hirdetés
reklaam

utcai lámpa
tänavalatern

CINEMA

utca
tänav

taxi
takso

gyalogos
jalakäija

újságosbódé
kiosk

járda
kõnnitee

keresztezõdés
ristmik

gyalogos átkelõ
ülekäigurada

szemetes
prügikonteiner

közlekedési lámpa
valgusfoor

kunyhó
osmik

lakás
kortermaja

vonatállomás
raudteejaam

városháza
raekoda

múzeum
muuseum

iskola
kool

egyetem
ülikool

bank
pank

kórház
haigla

hotel
hotell

gyógyszertár
apteek

iroda
kontor

könyvesbolt
raamatupood

üzlet
kauplus

virágüzlet
lillepood

szupermarket
supermarket

piac
turg

áruház
kaubamaja

halárus
kalapood

bevásárló központ
kaubanduskeskus

kikötő
sadam

park

park

pad

pink

híd

sild

lépcső

trepp

metró

metroo

alagút

tunnel

buszmegálló

bussipeatus

bár

baar

étterem

restoran

postaláda

postkast

utcatábla

tänavasilt

parkoló óra

parkimisautomaat

állatkert

loomaaed

uszoda

ujula

mecset

mošee

gazdálkodás
talu

környezetszennyezés
reostus

temető
surnuaed

templom
kirik

játszótér
mänguväljak

szentély
tempel

táj
maastik

levél
leht

útjelző tábla
teeviit

út
tee

rét
aas

kő
kivi

fa
puu

túrázó
matkaja

folyó
jõgi

fű
rohi

virág
lill

völgy

org

domb

mägi

tó

järv

erdő

mets

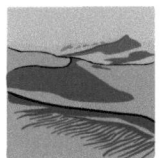

sivatag

kõrb

vulkán

vulkaan

kastély

linnus

szivárvány

vikerkaar

gomba

seen

pálmafa

palm

szúnyog

sääsk

légy

kärbes

hangya

sipelgas

méhecske

mesilane

pók

ämblik

bogár

mardikas

béka

konn

mókus

orav

sündisznó

siil

nyúl

jänes

bagoly

öökull

madár

lind

hattyú

luik

vaddisznó

metssiga

szarvas

hirv

rénszarvas

põder

gát

pais

szélturbina

tuuleturbiin

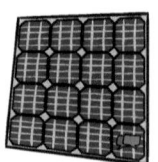

napelem

päikesepaneel

éghajlat

kliima

pincér
kelner

menü
menüü

szék
tool

leves
supp

pizza
pitsa

evőeszköz
söögiriistad

terítő
laudlina

előétel
eelroog

főétel
pearoog

desszert
magustoit

italok
joogid

étel
toit

üveg
pudel

gyorsétel

kiirtoit

gyorsétel

tänavatoit

teás kanna

teekann

cukortartó

suhkrutoos

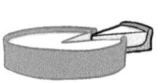

adag

portsjon

eszpresszógép

espressomasin

bárszék

lastetool

számla

arve

tálca

kandik

kés

nuga

villa

kahvel

kanál

lusikas

teáskanál

teelusikas

szalvéta

salvrätik

pohár

klaas

tányér
taldrik

leveses tányér
supitaldrik

csészealj
alustass

szósz
kaste

sószóró
soolatoos

borsőrlő
pipraveski

ecet
äädikas

étkezési olaj
õli

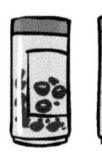

fűszerek
vürtsid

ketchup
ketšup

mustár
sinep

majonéz
majonees

szupermarket
supermarket

különleges ajánlat
eripakkumine
ügyfél
klient
tejtermék
piimatooted
FOR
gyümölcsök
puuviljad
bevásárló kocsi
ostukäru

BUTCHERS

hentes

lihapood

BAKERY

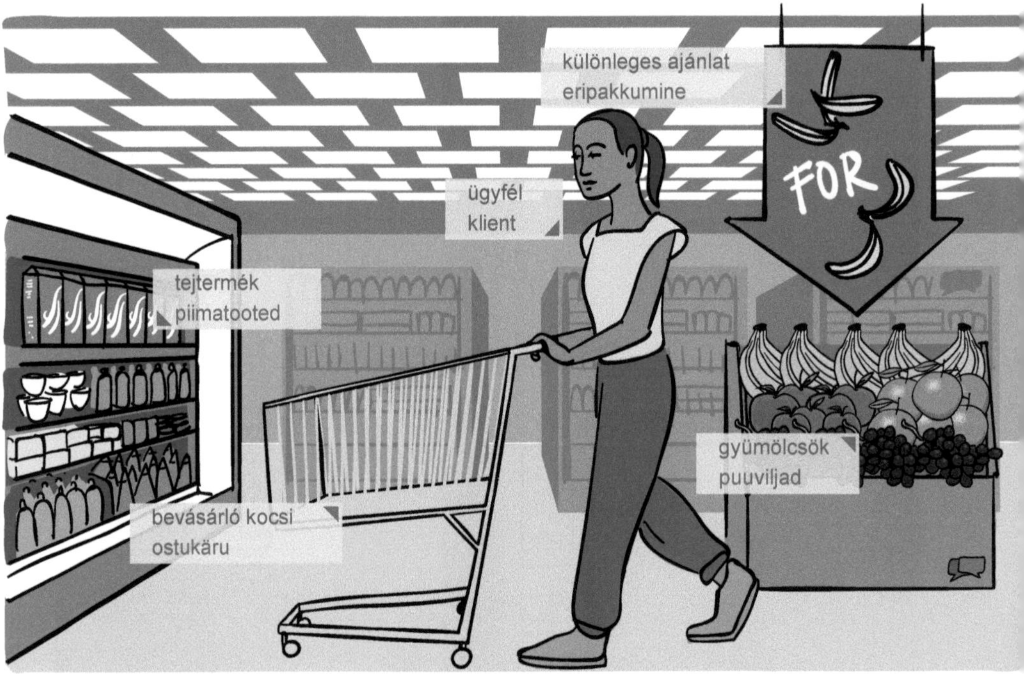

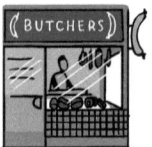

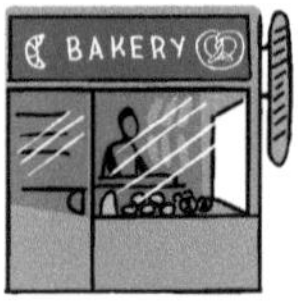

pékség

pagariäri

nyom valamennyit

kaaluma

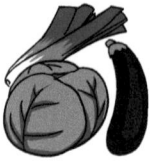

zöldség

köögiviljad

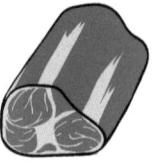

hús

liha

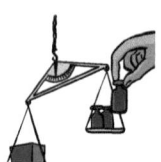

fagyasztott áru

külmutatud toit

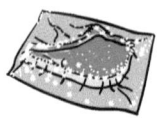

felvágott

lihalõigud

konzerv

konservid

mosópor

pesupulber

édességek

maiustused

háztartási termék

majatarbed

tisztítószerek

puhastustooted

eladó

müüja

pénztárgép

kassaaparaat

eladó

kassapidaja

bevásárló lista

ostunimekiri

nyitva tartás

lahtiolekuajad

levéltárca

rahakott

hitelkártya

krediitkaart

zacskó

kott

műanyag zacskó

kilekott

víz
vesi

gyümölcslé
mahl

tej
piim

kóla
koola

bor
vein

sör
õlu

alkohol
alkohol

kakaó
kakao

tea
tee

kávé
kohv

eszpresszó
espresso

kapucsínó
cappuccino

banán

banaan

alma

õun

narancs

apelsin

sárgadinnye

arbuus

citrom

sidrun

sárgarépa

porgand

fokhagyma

küüslauk

bambusz

bambus

hagyma

sibul

gomba

seen

magvak

pähklid

nokedli

nuudlid

spagetti

spagetid

rizs

riis

saláta

salat

sült krumpli

friikartulid

sült burgonya

praekartulid

pizza

pitsa

hamburger

hamburger

szendvics

võileib

hússzelet

šnitsel

sonka

sink

szalámi

salaami

kolbász

vorst

csirke

kana

pecsenye

praeliha

hal

kala

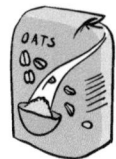

zabkása

kaerahelbed

müzli

müsli

kukoricapehely

maisihelbed

liszt

jahu

croissant

sarvesai

zsemle

kukkel

kenyér

leib

pirítós kenyér

röstsai

keksz

küpsised

vaj

või

túró

kohupiim

sütemény

kook

tojás

muna

tükörtojás

praemuna

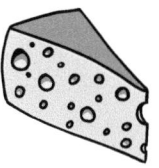

sajt

juust

jégkrém

jäätis

cukor

suhkur

méz

mesi

lekvár

moos

mogyorókrém

pähklivõie

curry

karri

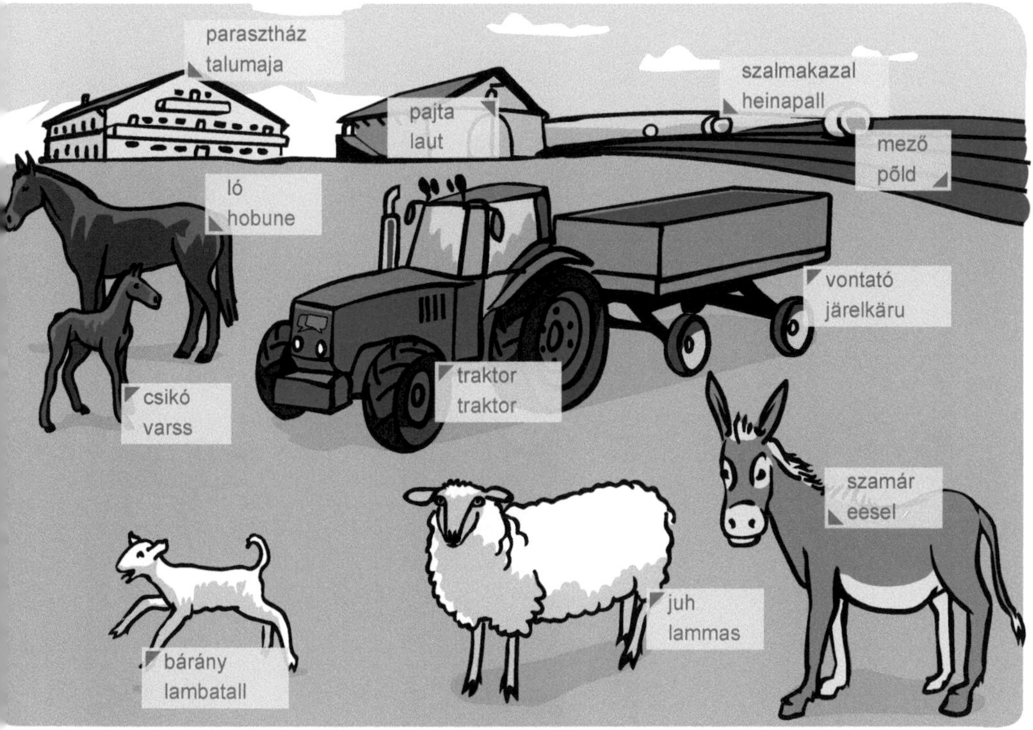

paraszthÃ¡z
talumaja

szalmakazal
heinapall

pajta
laut

mezÅ‘
pÃµld

lÃ³
hobune

vontatÃ³
jÃ¤relkÃ¤ru

csikÃ³
varss

traktor
traktor

szamÃ¡r
eesel

juh
lammas

bÃ¡rÃ¡ny
lambatall

kecske

kits

tehÃ©n

lehm

borjÃº

vasikas

malac

siga

kismalac

pÃµrsas

bika

pull

liba

hani

kacsa

part

csibe

tibu

tojó

kana

kakas

kukk

patkány

rott

macska

kass

egér

hiir

ökör

härg

kutya

koer

kutyaház

koerakuut

kerti öntözőcső

aiavoolik

öntözőkanna

kastekann

kasza

vikat

eke

ader

sarló
....
sirp

kapa
....
kõblas

vasvilla
....
hang

fejsze
....
kirves

talicska
....
käru

teknő
....
küna

tejes kancsó
....
piimanõu

zsák
....
kott

kerítés
....
tara

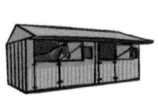

istálló
....
tall

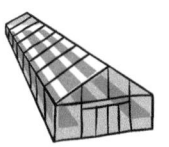

üvegház
....
kasvuhoone

talaj
....
muld

vetőmag
....
seeme

trágya
....
väetis

cséplőgép
....
kombain

szüretelni

saaki koristama

betakarítás

saagikoristus

yamgyökér

jamss

búza

nisu

szója

soja

burgonya

kartul

kukorica

mais

repcemag

raps

gyümölcsfa

viljapuu

manióka

maniokk

gabona

teravili

ház

maja

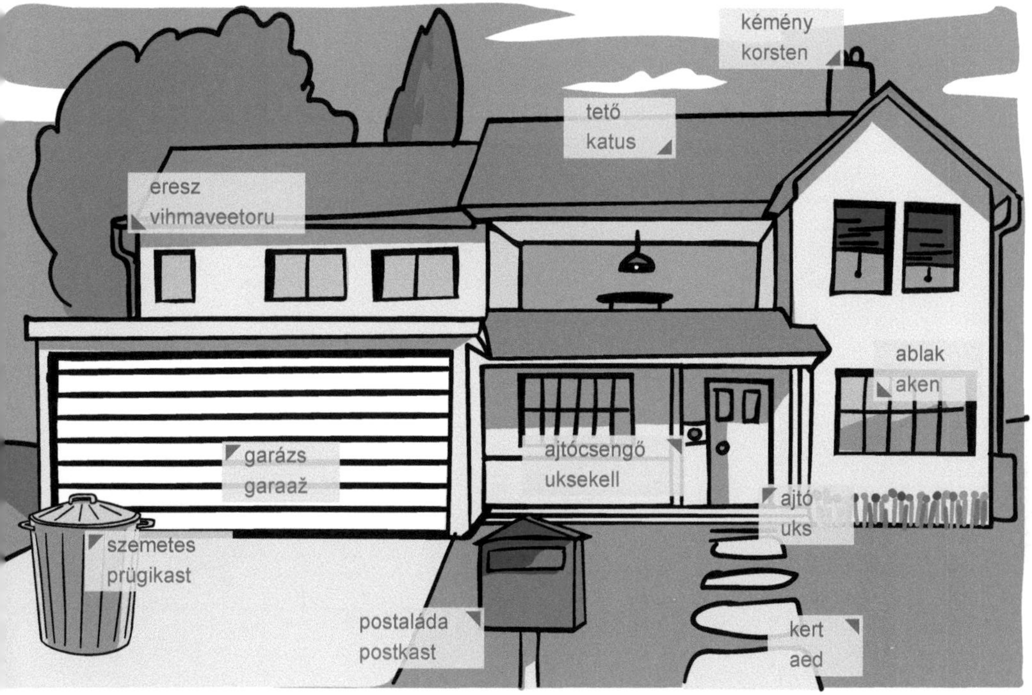
kémény
korsten
tető
katus
eresz
vihmaveetoru
ablak
aken
garázs
garaaž
ajtócsengő
uksekell
ajtó
uks
szemetes
prügikast
postaláda
postkast
kert
aed

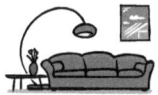

nappali
elutuba

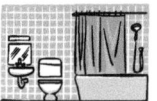

fürdőszoba
vannituba

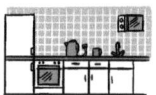

konyha
köök

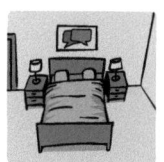

hálószoba
magamistuba

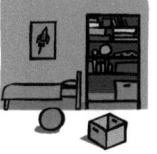

gyerekszoba
lastetuba

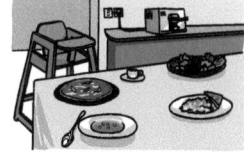

ebédlő
söögituba

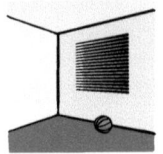

padló
põrand

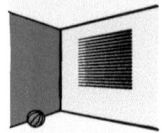

fal
sein

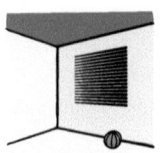

plafon
lagi

pince
kelder

szauna
saun

erkély
rõdu

terasz
terrass

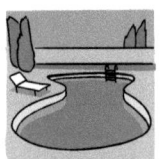

medence
bassein

fűnyíró
muruniiduk

lepedő
voodilina

ágytakaró
päevatekk

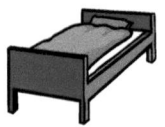

ágy
voodi

seprű
luud

vödör
ämber

kapcsoló
lüliti

nappali
elutuba

tapéta
tapeet
kép
pilt
lámpa
lamp
polc
riiul
szekrény
kapp
televízió
televiisor
kandalló
kamin
virág
lill
párna
padi
kanapé
diivan
váza
vaas
távirányító
kaugjuhtimispult

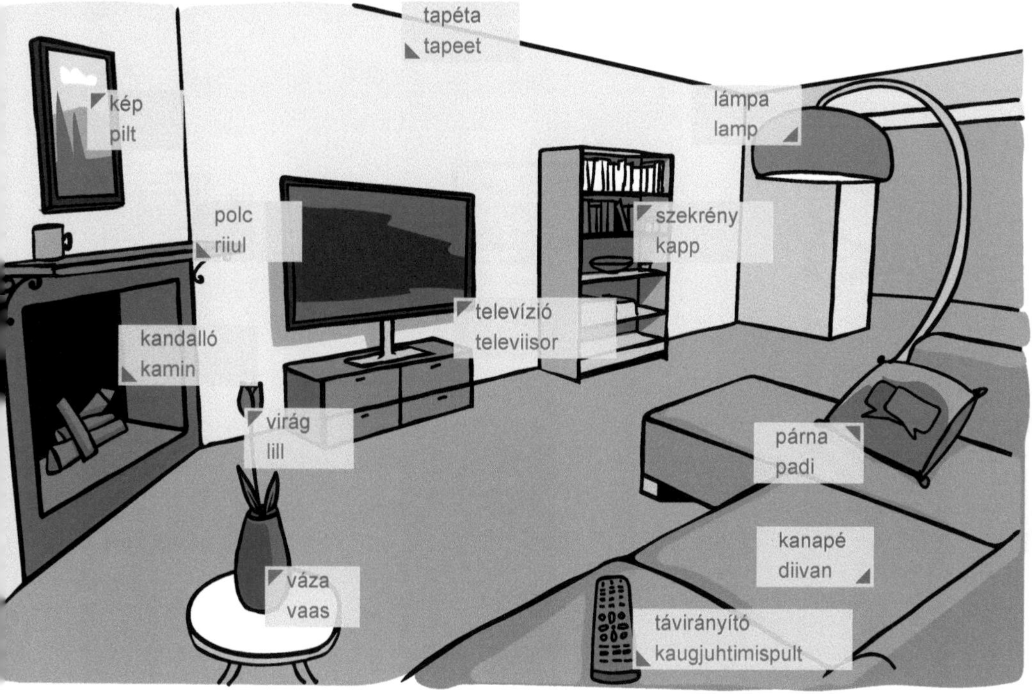

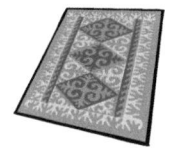

szőnyeg

vaip

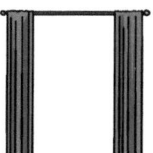

függöny

kardin

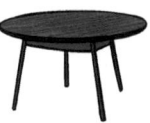

asztal

laud

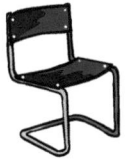

szék

tool

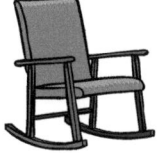

hintaszék

kiiktool

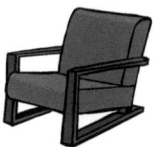

karosszék

tugitool

könyv

raamat

takaró

tekk

dekoráció

kaunistus

tűzifa

küttepuud

film

film

hifi

helisüsteem

kulcs

võti

újság

ajaleht

festmény

maal

poszter

plakat

rádió

raadio

jegyzetfüzet

märkmik

porszívó

tolmuimeja

kaktusz

kaktus

gyertya

küünal

nappali - elutuba

konyha
köök

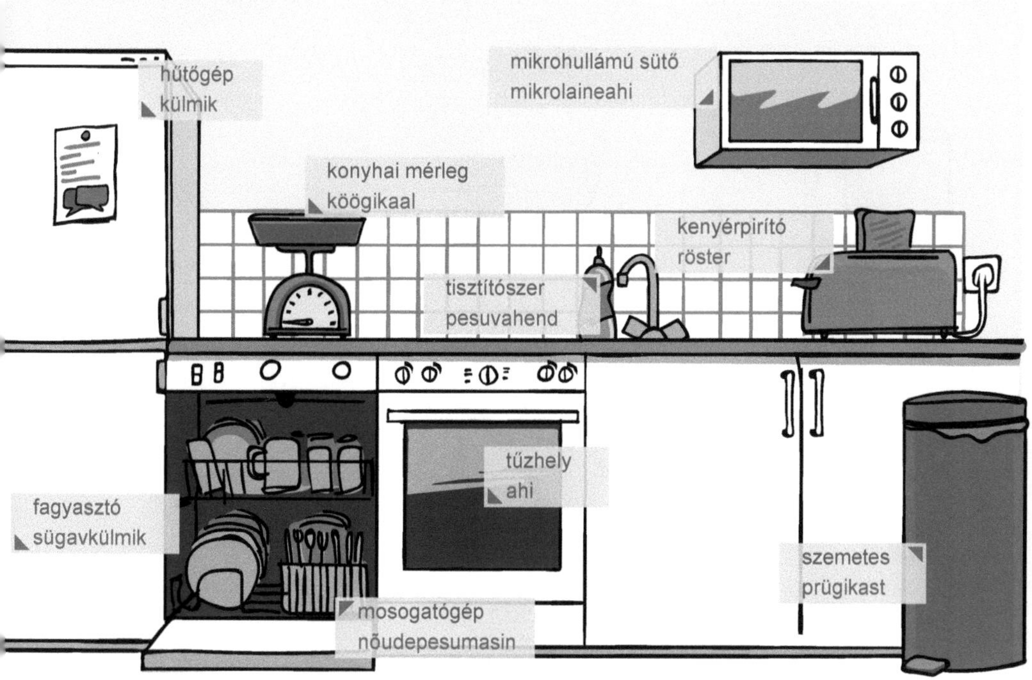
hűtőgép
külmik
mikrohullámú sütő
mikrolaineahi
konyhai mérleg
köögikaal
kenyérpirító
röster
tisztítószer
pesuvahend
tűzhely
ahi
fagyasztó
sügavkülmik
szemetes
prügikast
mosogatógép
nõudepesumasin

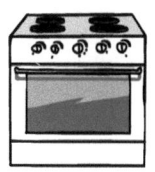

tűzhely

pliit

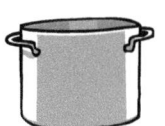

edény

pott

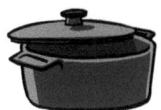

vasfazék

malmpott

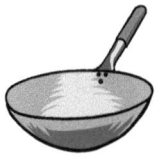

wok / kadai

vokkpann

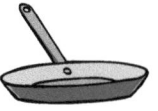

serpenyő

pann

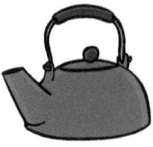

vízforraló

veekeetja

páró

aurutaja

tepsi

küpsetusplaat

étkészlet

lauanõud

bögre

kruus

tálka

kauss

evőpálcika

söögipulgad

merőkanál

kulp

keverőlapátka

pannilabidas

habverő

vispel

szűrő

kurn

szita

sõel

reszelő

riiv

mozsár

uhmer

grillsütő

grill

kandalló

lahtine tuli

vágódeszka
lõikelaud

sodrófa
tainarull

dugóhúzó
korgitser

doboz
konservipurk

konzervnyitó
konserviavaja

edényfogó
pajakinnas

mosogató
kraanikauss

kefe
hari

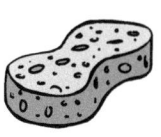

szivacs
pesukäsn

turmixgép
kannmikser

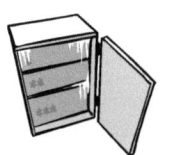

mélyhűtő
sügavkülmuti

cumisüveg
lutipudel

csap
segisti

fürdőszoba
vannituba

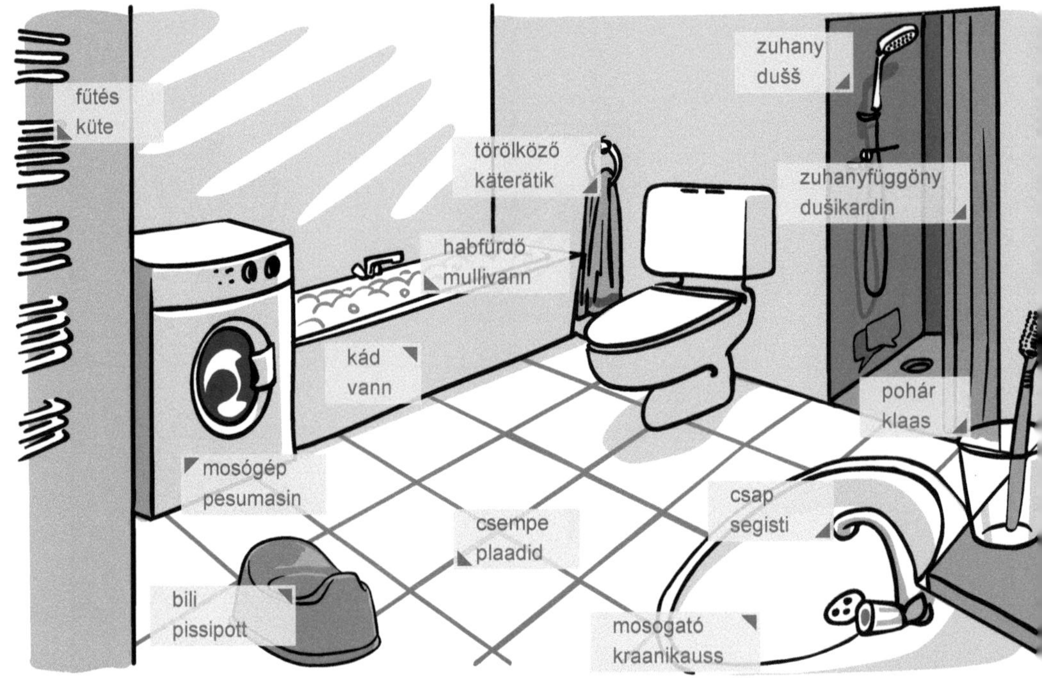
zuhany
dušš
fűtés
küte
törölköző
käterätik
zuhanyfüggöny
dušikardin
habfürdő
mullivann
kád
vann
pohár
klaas
mosógép
pesumasin
csap
segisti
csempe
plaadid
bili
pissipott
mosogató
kraanikauss

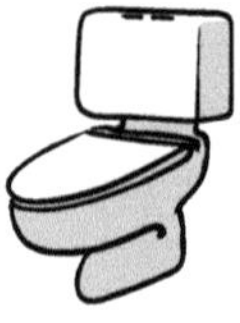

toalett

WC-pott

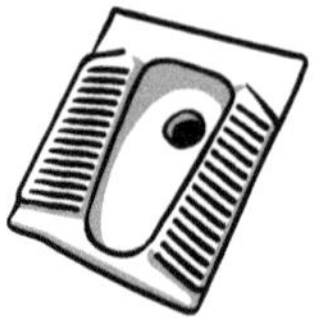

guggolós toalett

kükitamistualett

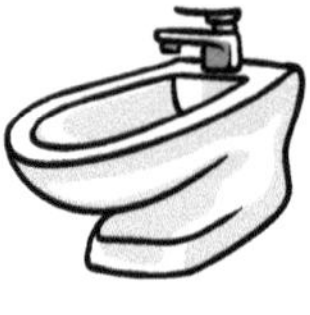

bidé

bidee

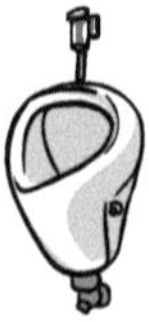

piszoár

pissuaar

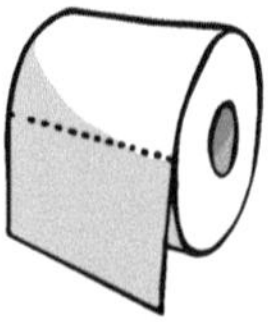

toalett papír

tualettpaber

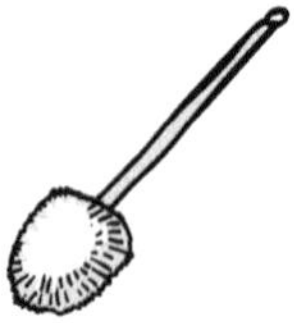

wc kefe

WC-hari

fogkefe

hambahari

fogkrém

hambapasta

fogselyem

hambaniit

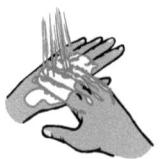

mosni

pesema

kézi zuhany

käsidušš

intimzuhany

intiimdušš

mosdótál

pesukauss

hátmosó kefe

seljahari

szappan

seep

tusfürdő

dušigeel

sampon

šampoon

mosdókesztyű

vamm

lefolyó

äravool

krém

kreem

dezodor

deodorant

tükör
peegel

kézitükör
käsipeegel

borotva
habemenuga

borotvahab
raseerimisvaht

borotválkozás utáni
arcszesz
habemevesi

fésű
kamm

hajkefe
hari

hajszárító
föön

hajlakk
juukselakk

smink
meigikomplekt

ajakrúzs
huulepulk

körömlakk
küünelakk

vatta
vatt

körömvágó olló
küünekäärid

parfüm
parfüüm

neszesszer

tualett-tarvete kott

sámli

taburet

mérleg

kaal

köntös

hommikumantel

gumikesztyű

kummikindad

tampon

tampoon

egészségügyi betét

hügieeniside

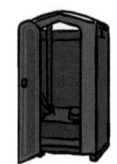

vegyi WC

keemiline tualett

gyerekszoba
lastetuba

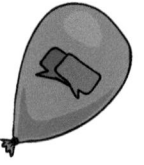

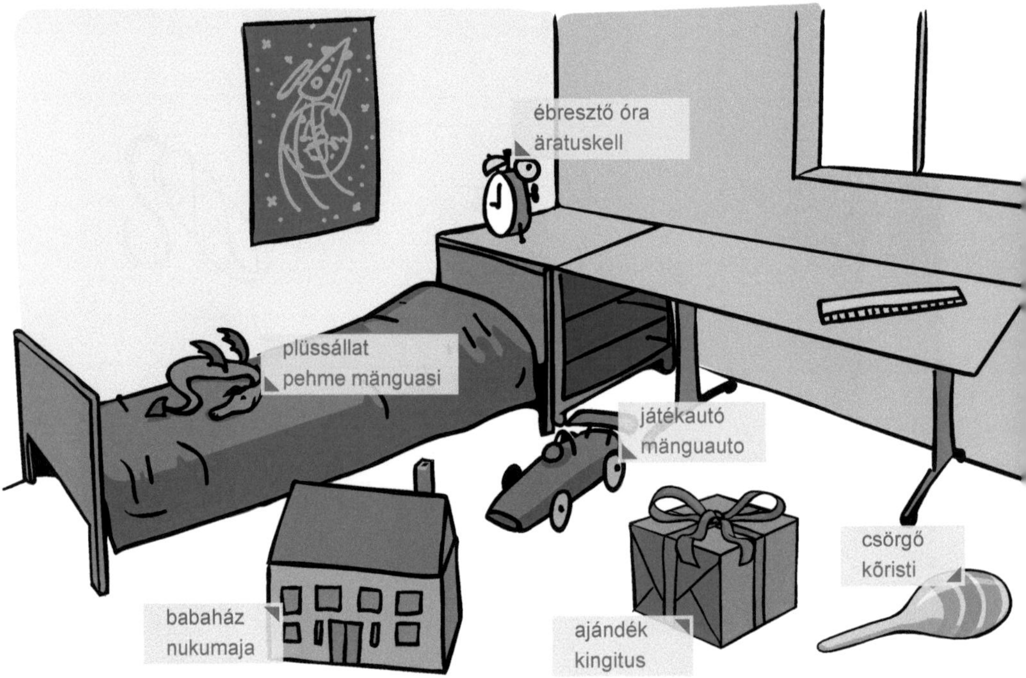
ébresztő óra
äratuskell
plüssállat
pehme mänguasi
játékautó
mänguauto
csörgő
kõristi
babaház
nukumaja
ajándék
kingitus

lufi

õhupall

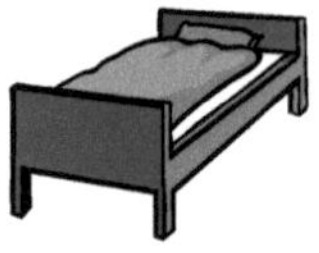

ágy

voodi

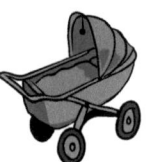

babakocsi

lapsevanker

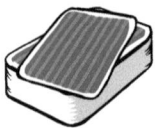

kártyapakli

kaardipakk

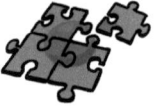

kirakós játék

pusle

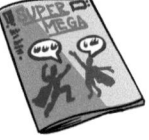

képregény

koomiks

építőkockák

Lego klotsid

építőelem

klotsid

szuperhős

kujuke

rugdalózó

siputuspüksid

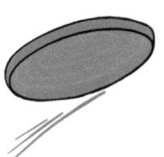

frizbi

lendav taldrik

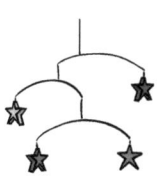

zenélő forgó

voodikarussell

társasjáték

lauamäng

kocka

täringud

modellvasút

mudelrong

cumi

lutt

zsúr

pidu

képeskönyv

pildiraamat

labda

pall

baba

nukk

játszani

mängima

homokozó

liivakast

hinta

kiik

játékok

mänguasjad

videójáték konzol

mängukonsool

tricikli

kolmerattaline jalgratas

teddi maci

mängukaru

ruhásszekrény

riidekapp

ruházat

riietus

zokni

sokid

harisnya

sukad

harisnyanadrág

sukkpüksid

sál
sall

esernyő
vihmavari

póló
T-särk

öv
vöö

csizma
saapad

papucs
sussid

tornacipő
tossud

szandál	cipő	gumicsizma
sandaalid	jalatsid	kummikud

alsónadrág	melltartó	mellény
aluspüksid	rinnahoidja	vest

body
bodi

nadrág
püksid

farmer
teksapüksid

szoknya
seelik

blúz
pluus

ing
särk

pulóver
sviiter

kapucnis pulóver
dressipluus

blézer
bleiser

dzseki
jakk

kabát
mantel

esőkabát
vihmamantel

kosztüm
kostüüm

ruha
kleit

esküvői ruha
pulmakleit

öltöny
ülikond

hálóing
öösärk

pizsama
pidžaama

szári
sari

fejkendő
pearätt

turbán
turban

burka
burka

kaftán
kaftan

abaya
abayah

fürdőruha
ujumistrikoo

fürdőnadrág
ujumispüksid

rövidnadrág
lühikesed püksid

tréningruha
dressid

kötény
põll

kesztyű
kindad

gomb

nööp

szemüveg

prillid

karkötő

käevõru

nyaklánc

kaelakee

gyűrű

sõrmus

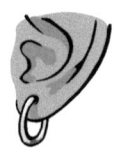

fülbevaló

kõrvarõngas

sapka

nokamüts

vállfa

riidepuu

kalap

kaabu

nyakkendő

lips

cipzár

tõmblukk

bukósisak

kiiver

nadrágtartó

traksid

iskolai egyenruha

koolivorm

egyenruha

vormirõivad

előke
....
pudipõll

cumi
....
lutt

pelenka
....
mähe

iroda
kontor

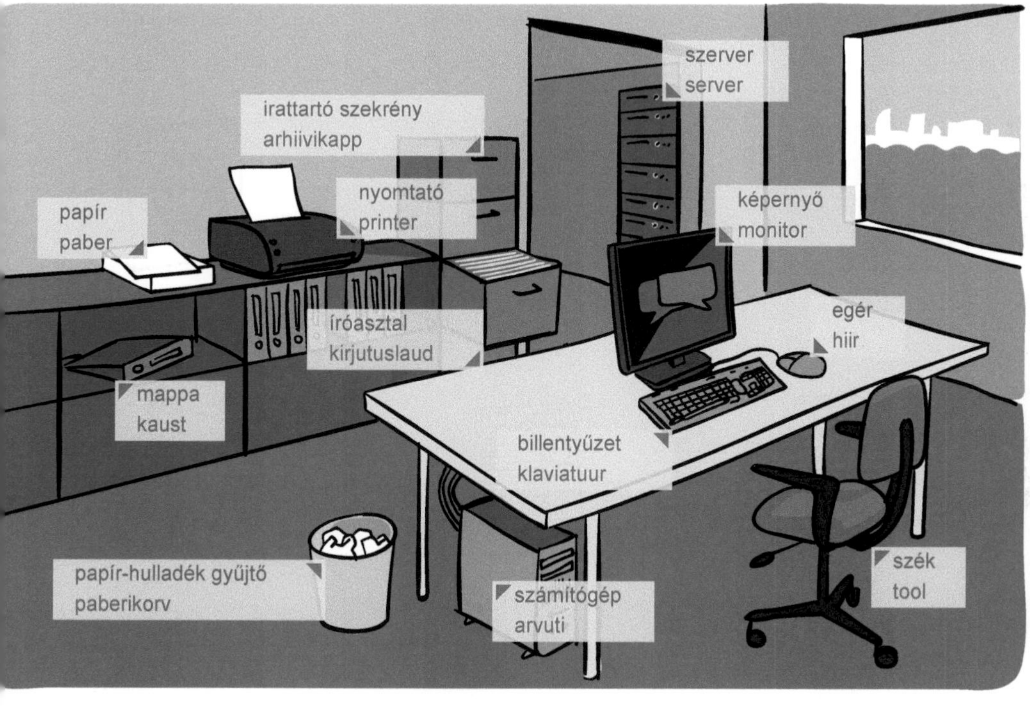

szerver
server

irattartó szekrény
arhiivikapp

nyomtató
printer

papír
paber

képernyő
monitor

íróasztal
kirjutuslaud

egér
hiir

mappa
kaust

billentyűzet
klaviatuur

papír-hulladék gyüjtő
paberikorv

szék
tool

számítógép
arvuti

kávéscsésze
....
kohvikruus

számológép
....
kalkulaator

internet
....
internet

laptop

sülearvuti

levél

kiri

üzenet

sõnum

mobiltelefon

mobiiltelefon

hálózat

võrk

fénymásoló

koopiamasin

szoftver

tarkvara

telefon

telefon

konnektor

pistikupesa

faxgép

faksimasin

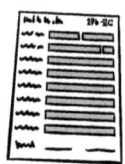

formanyomtatvány

vorm

dokumentum

dokument

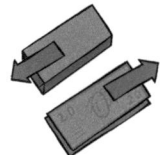

venni

ostma

fizetni

maksma

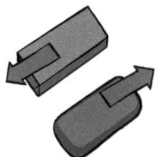

kereskedni

vahetama

pénz

raha

dollár

dollar

euró

euro

jen

jeen

rubel

rubla

svájci frank

Šveitsi frank

kínai jüan

renminbi jüaan

rúpia

ruupia

bankautomata

sularahaautomaat

valutaváltó iroda

valuutavahetuspunkt

arany

kuld

ezüst

hõbe

olaj

nafta

energia

energia

ár

hind

szerződés

leping

adó

maks

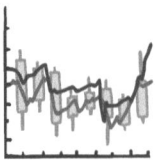

részvény

aktsia

dolgozni

töötama

munkavállaló

töötaja

munkaadó

tööandja

gyár

tehas

üzlet

kauplus

foglalkozások
ametid

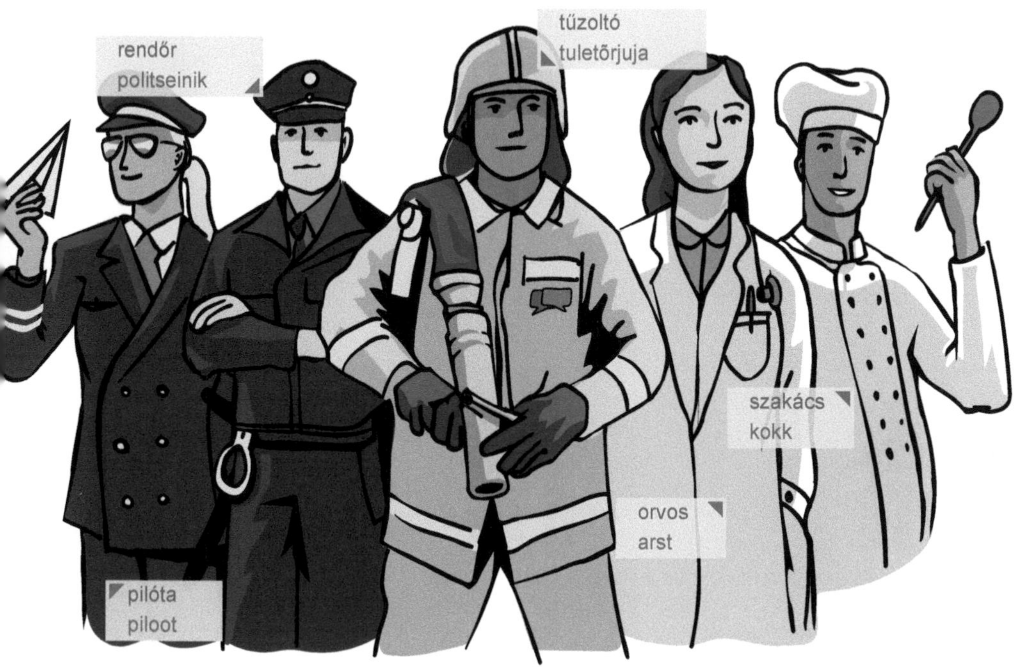

rendőr
politseinik
tűzoltó
tuletõrjuja
szakács
kokk
orvos
arst
pilóta
piloot

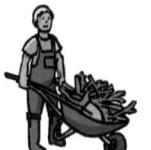

kertész

aednik

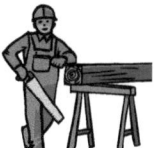

kárpitos

puusepp

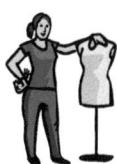

varrónő

õmbleja

bíró

kohtunik

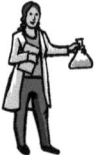

vegyész

keemik

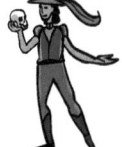

színész

näitleja

buszsofőr

bussijuht

taxisofőr

taksojuht

halász

kalamees

bejárónő

koristaja

tetőfedő

katusepaigaldaja

pincér

kelner

vadász

jahimees

festő

maaler

pék

pagar

villanyszerelő

elektrik

építőmunkás

ehitaja

mérnök

insener

hentes

lihunik

vízvezeték-szerelő

torumees

postás

postiljon

katona
sõdur

építész
arhitekt

eladó
kassapidaja

virágos
lillemüüja

fodrász
juuksur

kalauz
piletikontrolör

műszerész
mehaanik

kapitány
kapten

fogorvos
hambaarst

tudós
teadlane

rabbi
rabi

imám
imaam

szerzetes
munk

lelkész
preester

szerszámok
tööriistad

kalapács
haamer
fogó
tangid
csavarhúzó
kruvikeeraja
csavarkulcs
mutrivõti
elemlámpa
taskulamp

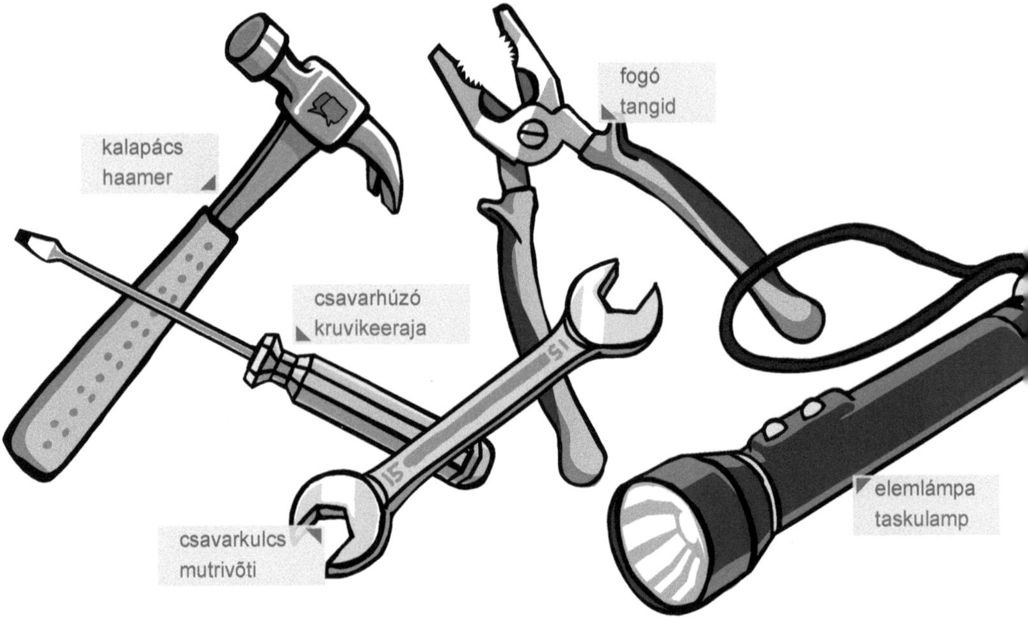

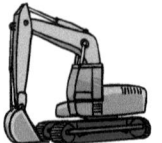

markológép

ekskavaator

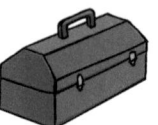

szerszámosláda

tööriistakast

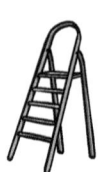

vödör

redel

fűrész

saag

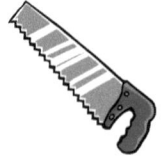

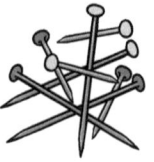

szög

naelad

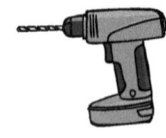

fúrógép

trell

megjavítani

parandama

lapát

labidas

A francba!

Põrgusse!

szemétlapát

kühvel

festékesdoboz

värvipott

csavar

kruvid

hangszerek
pillid

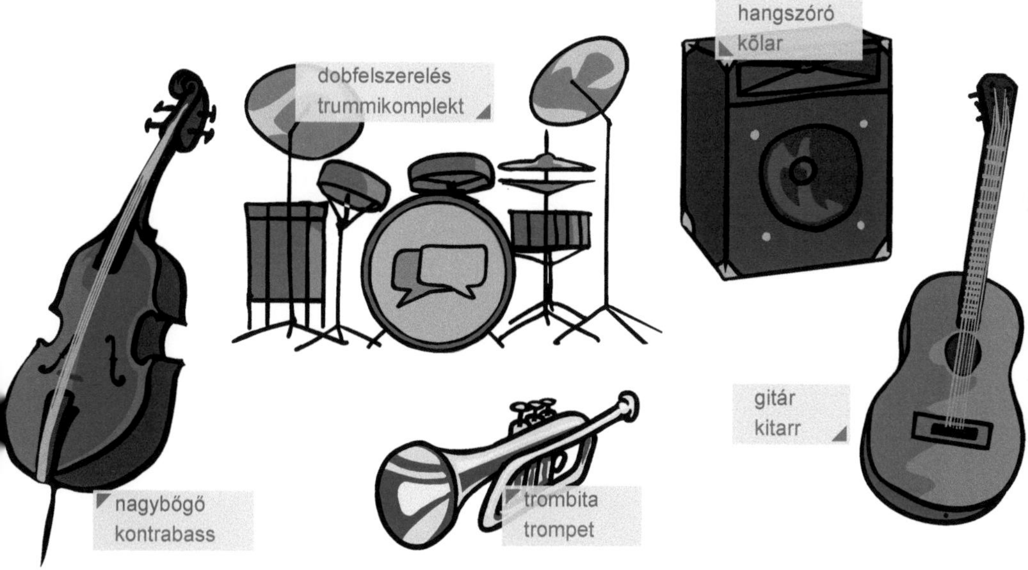

dobfelszerelés
trummikomplekt

hangszóró
kõlar

nagybőgő
kontrabass

trombita
trompet

gitár
kitarr

zongora
klaver

hegedű
viiul

basszusgitár
bass

üstdob
timpan

dobok
trummid

digitális zongora
süntesaator

szaxofon
saksofon

fuvola
flööt

mikrofon
mikrofon

állatkert
loomaaed

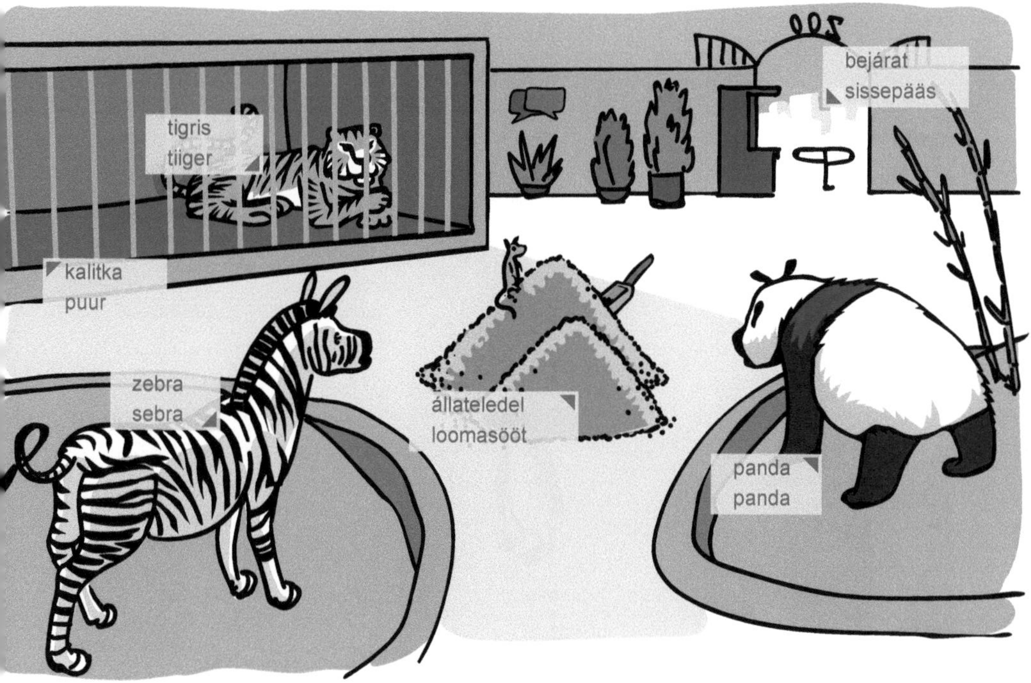

bejárat
sissepääs
tigris
tiiger
kalitka
puur
zebra
sebra
állateledel
loomasööt
panda
panda

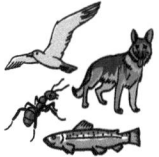

állatok
loomad

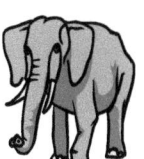

elefánt
elevant

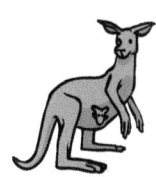

kenguru
känguru

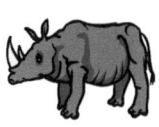

orrszarvú
ninasarvik

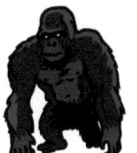

gorilla
gorilla

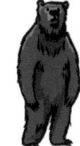

medve
karu

teve
kaamel

strucc
jaanalind

oroszlán
lõvi

majom
ahv

flamingó
flamingo

papagáj
papagoi

jegesmedve
jääkaru

pingvin
pingviin

cápa
hai

páva
paabulind

kígyó
madu

krokodil
krokodill

állatgondozó
loomaaiatalitaja

fóka
hüljes

jaguár
jaaguar

póniló	leopárd	víziló
poni	leopard	jõehobu

zsiráf	sas	vaddisznó
kaelkirjak	kotkas	metssiga

hal	teknős	rozmár
kala	kilpkonn	morsk

róka	gazella
rebane	gasell

amerikai futball
Ameerika jalgpall

kerékpározás
jalgrattasõit

tenisz
tennis

kosárlabda
korvpall

úszás
ujumine

jégkorong
jäähoki

boksz
poksimine

futball	tollas	atlétika
jalgpall	sulgpall	kergejõustik
kézilabda	síelés	lovaspóló
käsipall	suusatamine	polo

tevékenységek
tegevused

ugrani
hüppama
ölelni
kallistama
nevetni
naerma
sétálni
jalutama
énekelni
laulma
álmodni
unistama
dicsérni
palvetama
csókolni
suudlema

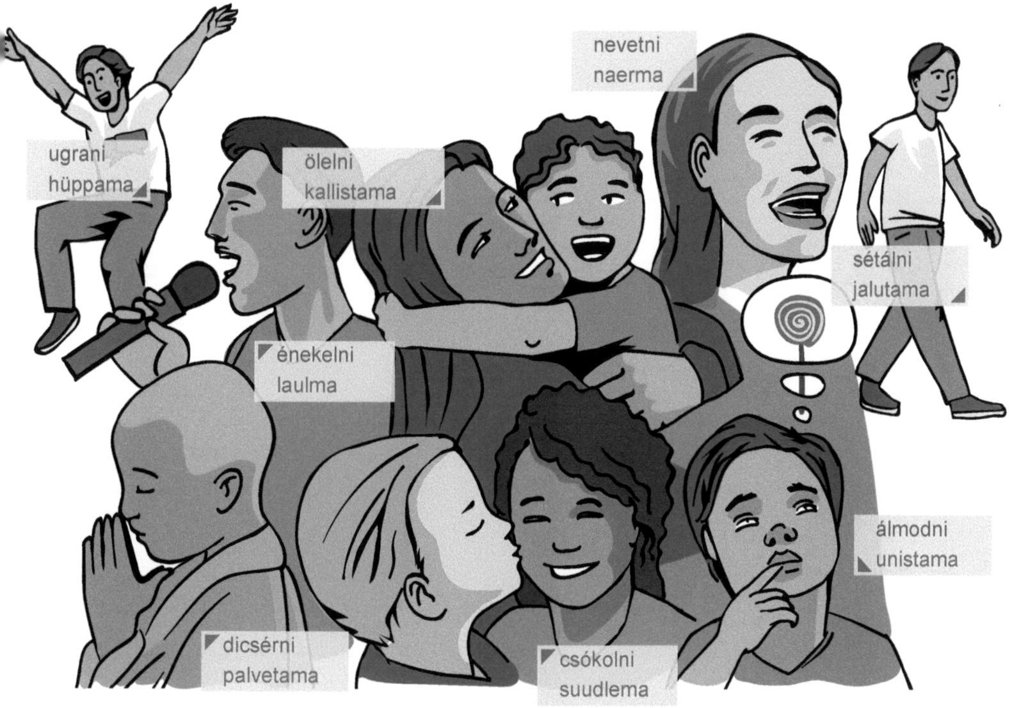

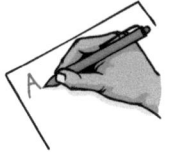

írni
kirjutama

rajzolni
joonistama

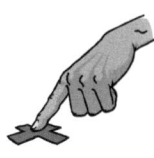

mutatni
näitama

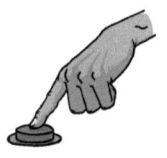

tolni
lükkama

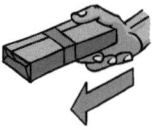

adni
andma

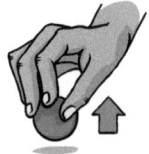

vinni
võtma

birtokolni

omama

csinálni

tegema

lenni

olema

állni

seisma

futni

jooksma

húzni

tõmbama

hajít

viskama

esni

kukkuma

hazudni

lamama

várni

ootama

vinni

kandma

ülni

istuma

felvenni

riidesse panema

aludni

magama

felébredni

ärkama

ránézni	sírni	simogat
vaatama	nutma	paitama

fésülni	beszélni	megérteni
kammima	rääkima	aru saama

kérdezni	hallgatni	inni
küsima	kuulama	jooma

enni	takarítani	szeretni
sööma	korrastama	armastama

főzni	vezetni	szállni
süüa tegema	sõitma	lendama

vitorlázni
purjetama

számol
arvutama

olvasni
lugema

tanulni
õppima

dolgozni
töötama

házasodni
abielluma

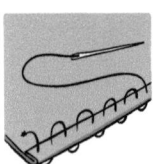

varrni
õmblema

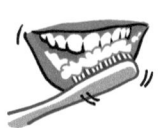

fogat mosni
hambaid pesema

ölni
tapma

dohányozni
suitsetama

küldeni
saatma

család
perekond

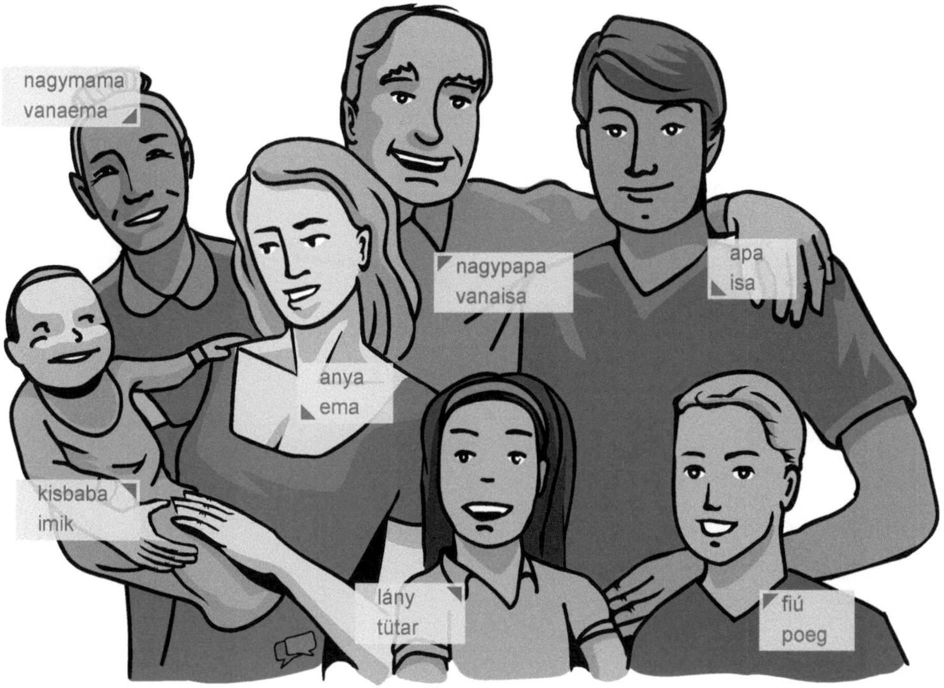
nagymama
vanaema
nagypapa
vanaisa
apa
isa
anya
ema
kisbaba
imik
lány
tütar
fiú
poeg

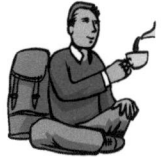

vendég

külaline

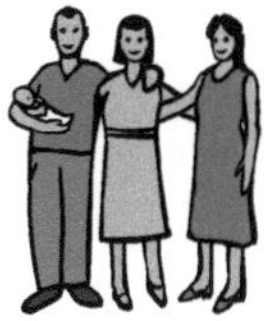

nagynéni

tädi

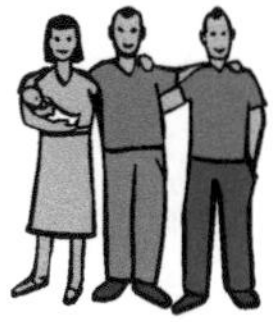

nagybácsi

onu

fiútestvér

vend

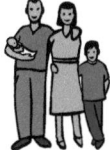

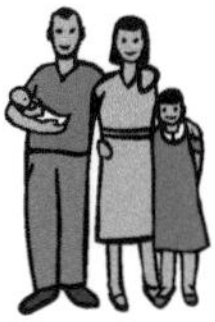

lánytestvér

õde

test

keha

homlok
otsmik
szem
silm
váll
õlg
ujj
sõrm
arc
nägu
áll
lõug
kéz
käsi
láb
jalg
mell
rind
kar
käsivars

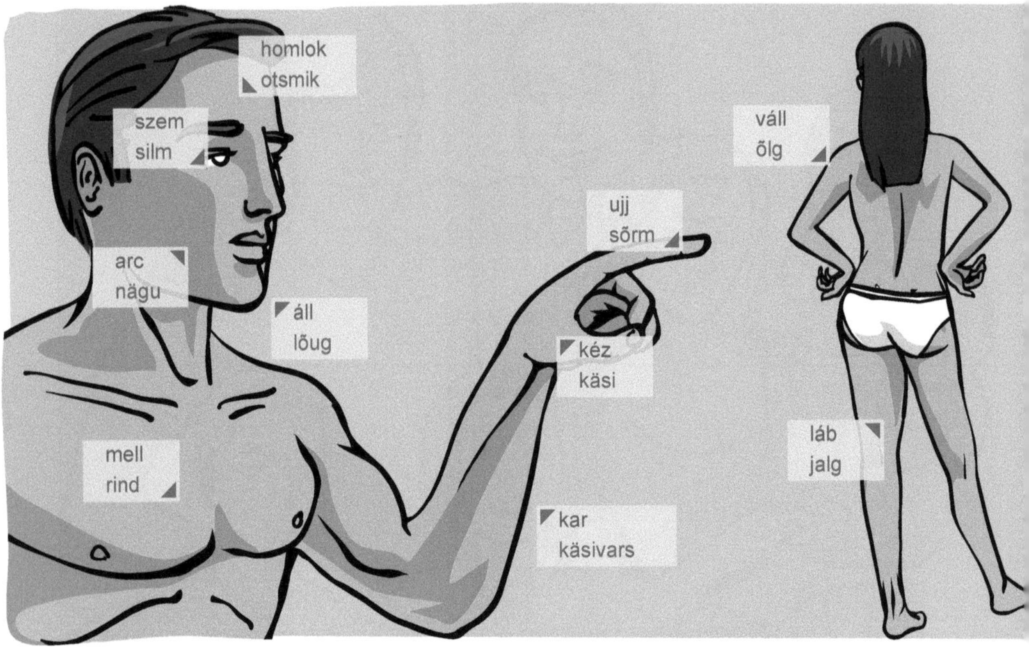

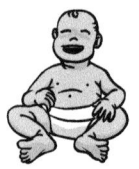

kisbaba

imik

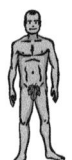

ember

mees

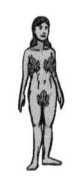

nő

naine

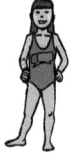

lány

tüdruk

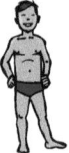

fiú

poiss

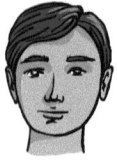

fej

pea

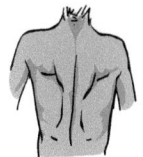

hát
....
selg

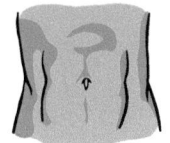

has
....
kõht

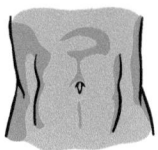

köldök
....
naba

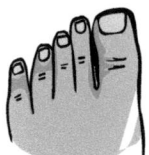

lábujj
....
varvas

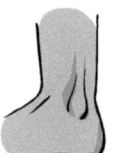

sarok
....
kand

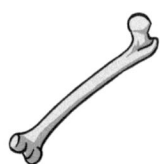

csont
....
luu

csípő
....
puus

térd
....
põlv

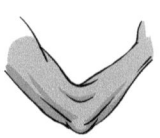

könyök
....
küünarnukk

orr
....
nina

fenék
....
tagumik

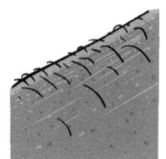

bőr
....
nahk

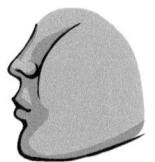

orca
....
põsk

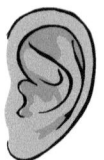

fül
....
kõrv

ajak
....
huuled

száj

suu

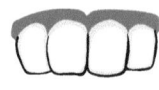

fog

hammas

nyelv

keel

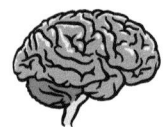

agy

aju

szív

süda

izom

lihas

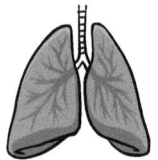

tüdő

kops

máj

maks

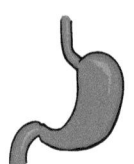

gyomor

magu

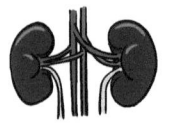

vese

neerud

szex

seksuaalvahekord

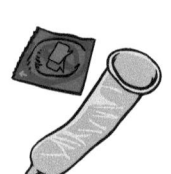

kondom

kondoom

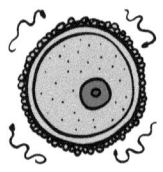

petesejt

munarakk

sperma

sperma

terhesség

rasedus

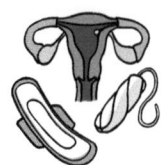

menstruáció

menstruatsioon

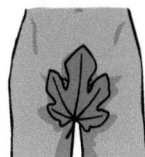

vagina

vagiina

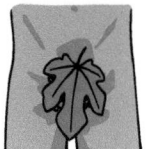

pénisz

peenis

szemöldök

kulm

haj

juuksed

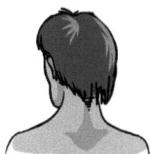

nyak

kael

kórház
haigla

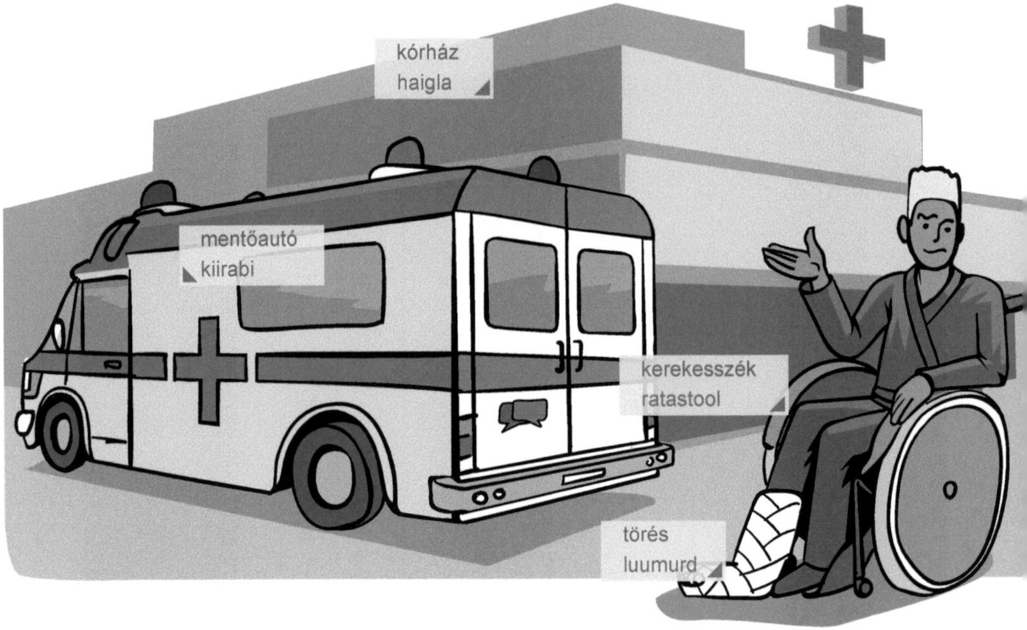

kórház
haigla
mentőautó
kiirabi
kerekesszék
ratastool
törés
luumurd

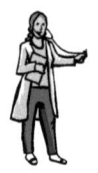

orvos

arst

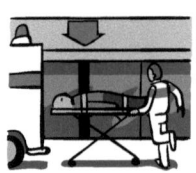

sürgősségi osztály

traumapunkt

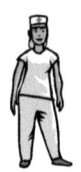

ápoló

meditsiiniõde

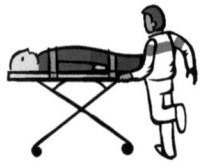

vészhelyzet

hädaolukord

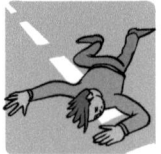

eszméletlen

teadvuseta

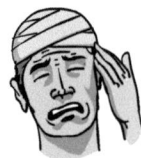

fájdalom

valu

sérülés

vigastus

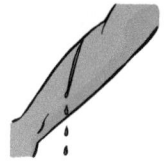

vérzés

verejooks

szívroham

südamerabandus

szélütés

insult

allergia

allergia

köhögés

köha

láz

palavik

influenza

gripp

hasmenés

kõhulahtisus

fejfájás

peavalu

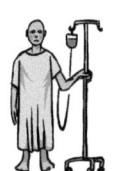

rák

vähk

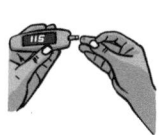

cukorbetegség

diabeet

sebész

kirurg

szike

skalpell

műtét

operatsioon

CT

KT

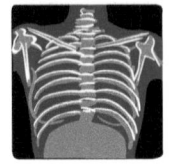

röntgen

röntgen

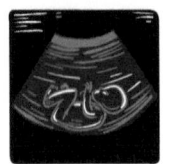

ultrahang

ultraheli

arcmaszk

mask

betegség

haigus

váróterem

ooteruum

mankó

kark

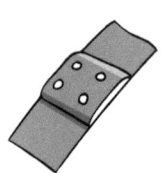

sebtapasz

kips

kötszer

side

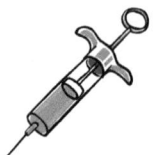

injekció

süst

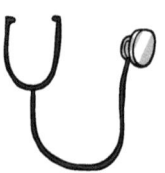

sztetoszkóp

stetoskoop

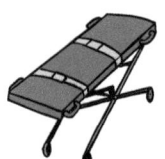

hordágy

kanderaam

klinikai hőmérő

kraadiklaas

születés

sünd

túlsúly

ülekaaluline

hallókészülék

kuuldeaparaat

fertőtlenítőszer

desinfektsioonivahend

fertőzés

põletik

vírus

viirus

HIV/AIDS

HIV / AIDS

orvosság

meditsiin

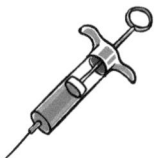

oltás

vaktsineerimine

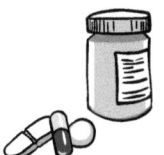

tabletták

tabletid

tabletta

pill

sürgősségi hívás

hädaabikõne

vérnyomásmérő

vererõhuaparaat

betegség / egészség

haige / terve

Segítség!

Appi!

riasztás

häire

rajtaütés

kallaletung

támadás

rünnak

veszély

oht

vészkijárat

avariiväljapääs

tűz!

Tulekahju!

tűzoltókészülék

tulekustuti

baleset

õnnetus

elsősegélycsomag

esmaabikomplekt

SOS

SOS

rendőrség

politsei

Európa
....
Euroopa

Észak-Amerika
....
Põhja-Ameerika

Dél-Amerika
....
Lõuna-Ameerika

Afrika
....
Aafrika

Ázsia
....
Aasia

Ausztrália
....
Austraalia

Atlanti-óceán
....
Atlandi ookean

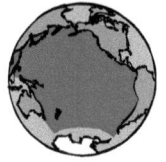

Csendes-óceán
....
Vaikne ookean

Indiai-óceán
....
India ookean

Déli-óceán
....
Lõuna-Jäämeri

Jeges-tenger
....
Põhja-Jäämeri

Északi-sark
....
põhjapoolus

Déli-sark

lõunapoolus

Antarktisz

Antarktika

föld

Maa

szárazföld

maismaa

tenger

meri

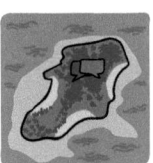

sziget

saar

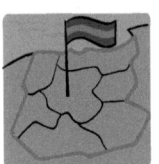

nemzet

rahvus

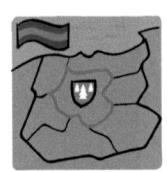

állam

riik

számlap

sihverplaat

kismutató

tunniosuti

nagymutató

minutiosuti

másodpercmutató

sekundiosuti

Mennyi az idő?

Mis kell on?

nap

päev

idő

aeg

most

praegu

digitális óra

digitaalne kell

perc

minut

óra

tund

hét
nädal

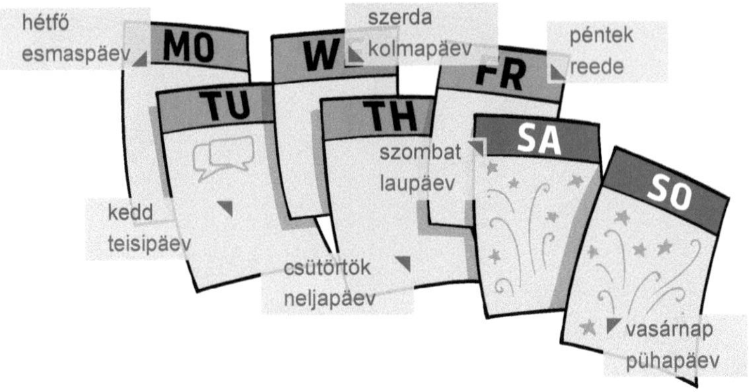

hétfő
esmaspäev **MO**

szerda
kolmapäev **W**

péntek
reede **FR**

TU

TH

SA

szombat
laupäev

SO

kedd
teisipäev

csütörtök
neljapäev

vasárnap
pühapäev

TUE **MON**

tegnap
eile

TUE
2

ma
täna

TUE
3

holnap
homme

reggel
hommik

dél
lõuna

este
õhtu

MO	TU	WE	TH	FR	SA	SU
1	2	3	4	5	6	7
8	9	10	11	12	13	14
15	16	17	18	19	20	21
22	23	24	25	26	27	28
29	30	31	1	2	3	4

hétköznap
tööpäevad

MO	TU	WE	TH	FR	SA	SU
1	2	3	4	5	6	7
8	9	10	11	12	13	14
15	16	17	18	19	20	21
22	23	24	25	26	27	28
29	30	31	1	2	3	4

hétvége
nädalavahetus

év

aasta

eső
vihm
szivárvány
vikerkaar
hó
lumi
szél
tuul
tavasz
kevad
ősz
sügis
nyár
suvi
tél
talv

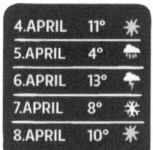

4.APRIL 11°
5.APRIL 4°
6.APRIL 13°
7.APRIL 8°
8.APRIL 10°

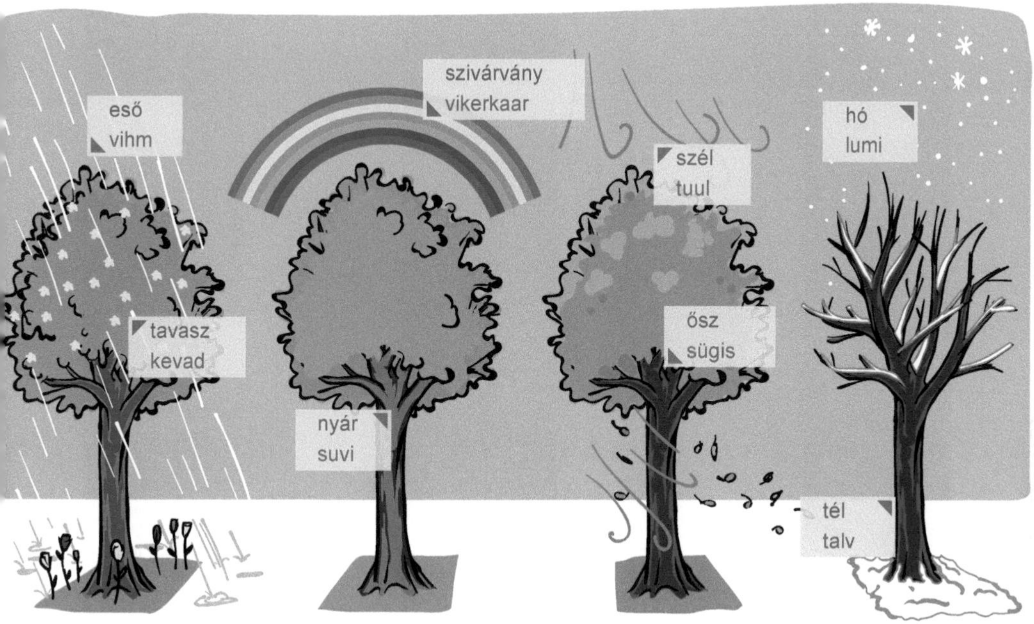

időjárás előrejelzés

ilmaennustus

F C
120 40
90 30
60 20
30 10
0 0
-30 -10
-20

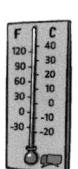

hőmérő

termomeeter

napsütés

päikesepaiste

felhő

pilv

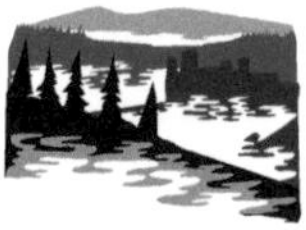

köd

udu

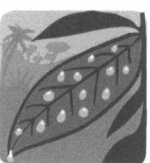

páratartalom

niiskus

villámlás

pikne

mennydörgés

kõu

vihar

torm

jégeső

rahe

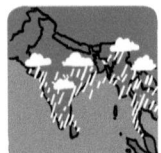

monszun

mussoon

áradás

üleujutus

jég

jää

január

jaanuar

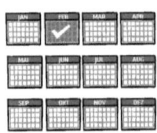

február

veebruar

március

märts

április

aprill

május

mai

június

juuni

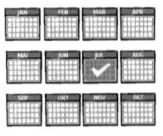

július

juuli

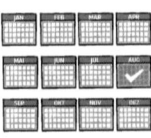

augusztus

august

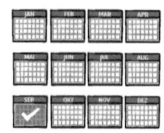

szeptember
....
september

október
....
oktoober

november
....
november

december
....
detsember

kör
....
ring

négyzet
....
ruut

téglalap
....
nelinurk

háromszög
....
kolmnurk

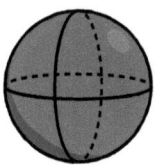

gömb
....
kera

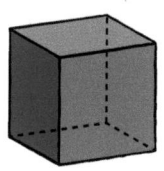

kocka
....
kuup

színek

värvid

fehér
....
valge

sárga
....
kollane

narancs
....
oranž

rózsaszín
....
roosa

piros
....
punane

lila
....
lilla

kék
....
sinine

zöld
....
roheline

barna
....
pruun

szürke
....
hall

fekete
....
must

sok / kevés
....
palju / vähe

mérges / nyugodt
....
vihane / rahulik

szép / csúnya
....
ilus / inetu

kezdet / vég
....
algus / lõpp

nagy / kicsi
....
suur / väike

világos / sötét
....
hele / tume

fivér / nővér
....
vend / õde

tiszta / koszos
....
puhas / must

teljes / nem teljes
....
täielik / puudulik

nappal / éjszaka
....
päev / öö

halott / élő
....
surnud / elus

széles / keskeny
....
lai / kitsas

ehető / nem ehető

söödav / mittesöödav

gonosz / kedves

kuri / sõbralik

izgatott / unott

põnevil / tüdinud

kövér / vékony

paks / peenike

első / utolsó

esimene / viimane

barát / ellenség

sõber / vaenlane

teli / üres

täis / tühi

kemény / puha

kõva / pehme

nehéz / könnyű

raske / kerge

éhség / szomjúság

nälg / janu

betegség / egészség

haige / terve

illegális / legális

ebaseaduslik / seaduslik

intelligens / buta

tark / rumal

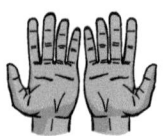

bal / jobb

vasak / parem

közel / távol

lähedal / kaugel

ellentétek - vastandid

új / használt
uus / kasutatud

semmi / valami
mitte midagi / midagi

idős / fiatal
vana / noor

be / ki
sees / väljas

nyitva / zárva
lahti / kinni

csendes / hangos
vaikne / vali

gazdag / szegény
rikas / vaene

helyes / helytelen
õige / vale

érdes / sima
kare / sile

szomorú / vidám
kurb / rõõmus

rövid / hosszú
lühike / pikk

lassú / gyors
aeglane / kiire

nedves / száraz
märg / kuiv

meleg / hideg
soe / jahe

háború / béke
sõda / rahu

számok
numbrid

0	**1**	**2**
nulla	egy	kettő
null	üks	kaks

3	**4**	**5**
három	négy	öt
kolm	neli	viis

6	**7**	**8**
hat	hét	nyolc
kuus	seitse	kaheksa

9	**10**	**11**
kilenc	tíz	tizenegy
üheksa	kümme	üksteist

12

tizenkettő

kaksteist

13

tizenhárom

kolmteist

14

tizennégy

neliteist

15

tizenöt

viisteist

16

tizenhat

kuusteist

17

tizenhét

seitseteist

18

tizennyolc

kaheksateist

19

tizenkilenc

üheksateist

20

húsz

kakskümmend

100

száz

sada

1.000

ezer

tuhat

1.000.000

millió

miljon

angol

inglise

amerikai angol

Ameerika inglise

mandarin kínai

mandariini

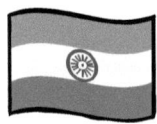

hindi

hindi

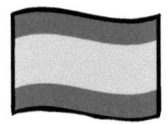

spanyol

hispaania

francia

prantsuse

arab

araabia

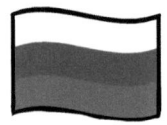

orosz

vene

portugál

portugali

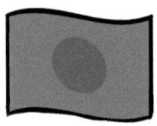

bengáli

bengali

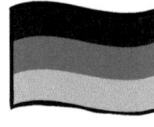

német

saksa

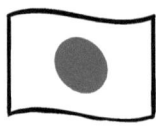

japán

jaapani

én
mina

te
sina

ő
tema

mi
meie

ti
teie

ök
nemad

ki?
kes?

mi?
mis?

hogyan?
kuidas?

hol?
kus?

mikor?
millal?

név
nimi

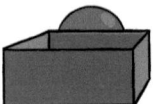

mögött
....
taga

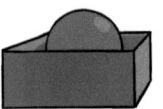

benne
....
sees

elötte
....
ees

felette
....
kohal

rajta
....
peal

alatta
....
all

mellett
....
kõrval

között
....
vahel

hely
....
koht